0

null

noll

10

zenn

tio

20

zwanzig

tjugo

30

dreißig

trettio

40

vierzig

fyrtio

50

fünfzig

femtio

60

sechzig

sextio

70

siebzig

sjuttio

80
achtzig

åttio

90
neunzig

nittio

100
einhundert

ett hundra

1000
eintausend

ett tusen

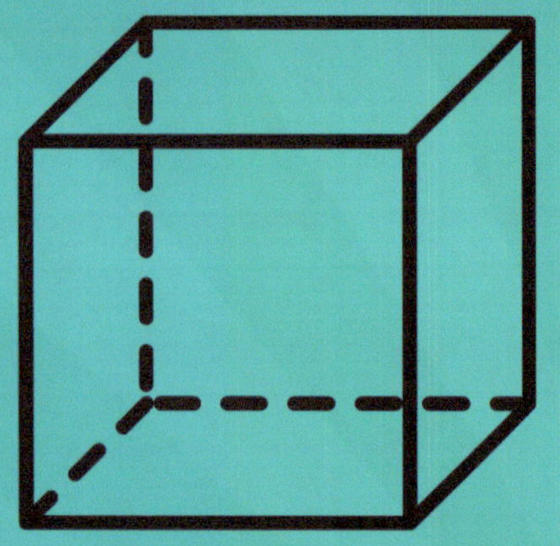

Würfel

kub

Spielbaustein

block

Eiswürfel

isbit

Karamell

karamell

Zucker

socker

Würfel

tärningar

Geschenkbox

presentask

Pappkarton

kartonglåda

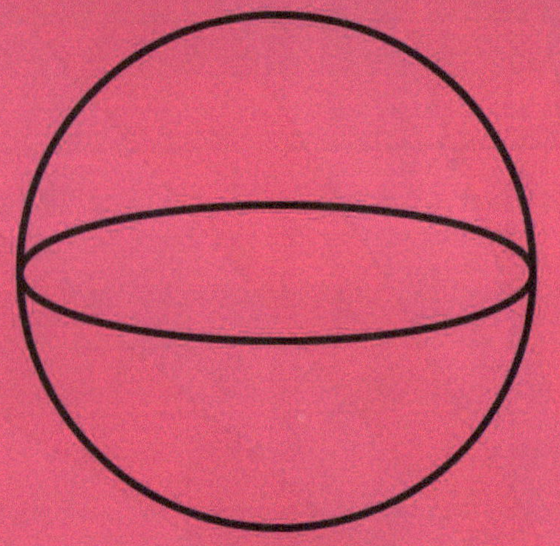

Kugel

sfär

Eiskugel

glasskula

Perle

pärla

Blase

bubbla

Murmeln

kulor

Planet

planet

Schneeball

snöboll

Tennisball

tennisboll

Zylinder

cylinder

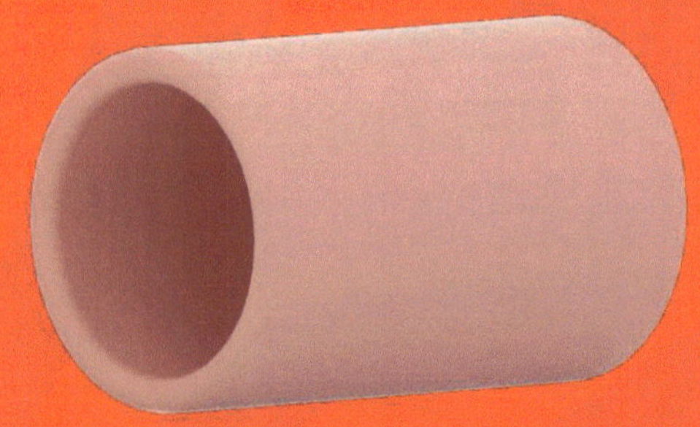

Rohr

rör

Batterien

batterier

Garnspule

trådspole

Zimt

kanel

Nudelholz

kavel

Wurst

korv

Heuballen

höbal

Kegel

kon

Verkehrskegel

vägkon

Eiswaffel

glasstrut

Hexenhut

häxhatt

Kerker

fängelsehåla

Tannenbaum

gran

Partyhut

partyhatt

Schnecke

snigel

Brombeere

björnbär

Johannisbeere

vinbär

Clementine

klementin

Durian

durian

Drachenfrucht

drakfrukt

Jackfrucht

jackfrukt

Sternfrucht

stjärnfrukt

Spargel

sparris

Radieschen

rädisa

rote Bohne

kidneyböna

Rübe

rova

Maniok

kassava

Süßkartoffel

sötpotatis

Kichererbsen

kikärtor

Adler

örn

Fledermaus

fladdermus

Biber

bäver

Flamingo

flamingo

Rabe

korp

Amsel

koltrast

Blaumeise

blåmes

Elster

skata

Schwalbe

svala

Lerche

lärka

Sittich

parakit

Specht

hackspett

Pfau

påfågel

Papagei

papegoja

tukan

tukan

Storch

stork

Koralle

korall

Seeanemone

havsanemon

Seeigel

sjöborre

Seepferdchen

sjöhäst

Clownfisch

clownfisk

Goldfisch

guldfisk

Krabbe

krabba

Einsiedlerkrebs

eremitkräfta

Delfin

delfin

Narwal

narval

Oktopus

bläckfisk

Tintenfisch

bläckfisk

Walhai

valhaj

Orca

späckhuggare

Blauwal

blåval

Belugawal

vitval

Hammerhai

hammarhaj

Weißer Hai

vithaj

Zitronenhai

citronhaj

Tigerhai

tigerhaj

Heuschrecke

gräshoppa

Raupe

larv

Skorpion

skorpion

Eidechse

ödla

Dinosaurier

dinosaurier

schwarzes Haar

svart hår

rotes Haar

rött hår

braunes Haar

brunt hår

blondes Haar

blont hår

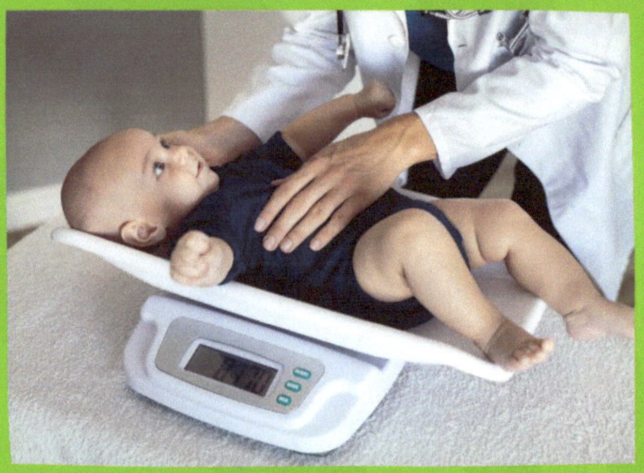

Waage

våg

Krankenhaus

sjukhus

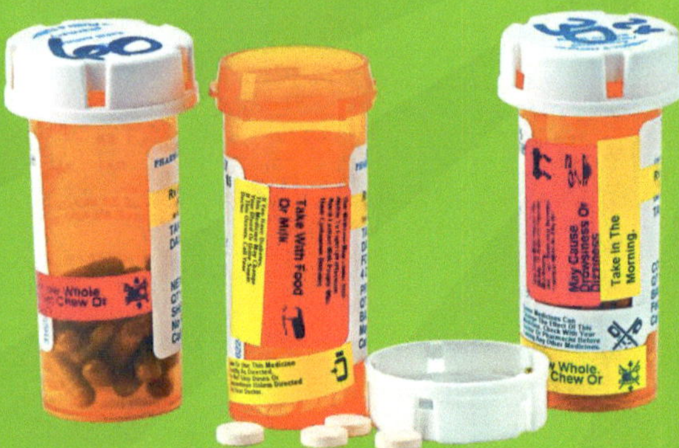

Medizin

medicin

Thermometer

termometer

Verband

bandage

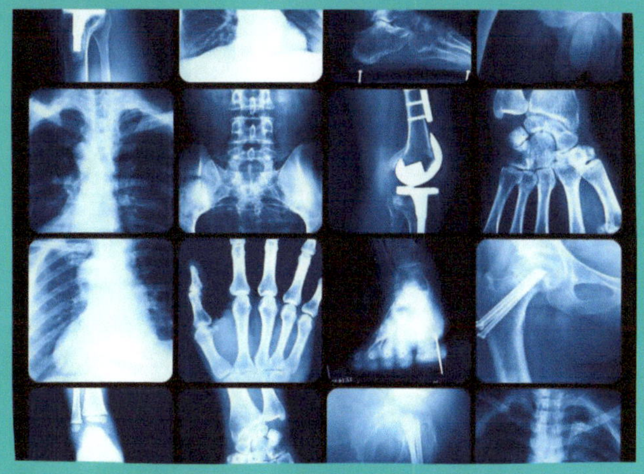

Röntgen

röntgen

Doktor

läkare

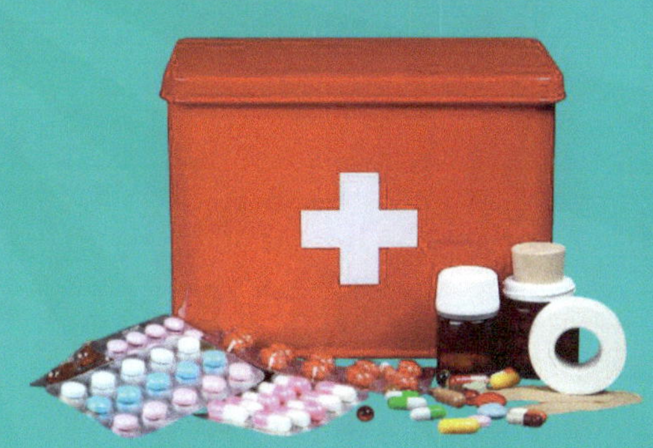

Erste-Hilfe-Kasten

första hjälpen-kit

spielen

leka

zeichnen

rita

zählen

räkna

schreiben

skriva

Tanzen

dans

Schwimmen

simning

Skifahren

skidåkning

Basketball

basketboll

Tennis

tennis

Tischtennis

bordtennis

Fußball

fotboll

Reiten

ridning

Eishockey

ishockey

Judo

judo

Boxen

boxning

Laufen

löpning

Baseball

baseboll

Kricket

cricket

Rugby

rugby

Volleyball

volleyboll

Maracas

maracas

Tamburin

tamburin

Xylophon

xylofon

Geige

fiol

Klavier

piano

Gitarre

gitarr

Cello

cello

Harfe

harpa

Trommel

trumma

Djembe

djembe

Schlagzeug

trumset

Trompete

trumpet

Horn

horn

Saxophon

saxofon

Flöte

flöjt

Kopfhörer

hörlurar

singen

sjunga

Notenblatt

noter

Mikrofon

mikrofon

9 791041 708246